भावसृजन

Arpita Vaidya

BookLeaf Publishing
India | USA | UK

Presentation by *BookLeaf Publishing*

Web: www.bookleafpub.com

E-mail: info@bookleafpub.com

ISBN: 9789360947613

First edition 2024

गुरु

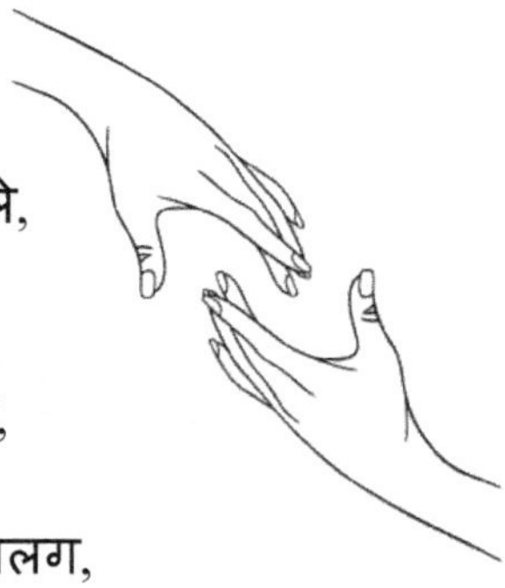

गुरु का जिसे आश्रय मिले,
जैसे हर प्रश्न को उत्तर मिले,
हर दीप को प्रज्वल मिले,
हर अंकुर को आकार मिले,
हर तरु को मेघ बहार मिले,

रूप-नाम-आकार हो सब अलग,
पर कर्म का हो प्रभाव अविलग,

मेरे मन में जले प्रकाश-पुंज से,
तुम्हें नमन मेरे हृदय-कुंज से,

गुरु नाम समाहित कर उर में,
मार्ग प्रशस्त हो जाए पूर में,

गुरुमयी धड़कनें, गुरुमयी मेरी हर सांस है,
अखंड बल लिए खड़े मेरे गुरु मेरे साथ हैं।

मेरा साथी

इक मुहब्बत की कहानी
कह दूँ अपनी ही ज़ुबानी

ना थी मैं हीर, ना था वो रांझा
फिर भी कब उलझ बैठा दो दिलों का मांझा

ना थी मैं लैला, ना वो मजनू सा
पर रुकती मेरी नज़र उसी पर
दिल की अंधियारी गलियों में बैठा वो जूगनू सा

ना थी कभी सोहनी मैं, ना वो कोई महिवाल
सुर दोनों के लगे अलग, ना मिले कोई लय-ताल
कैसे रख लेते फिर दोनों, एक दूजे का इतना ख्याल

ना मैं रही जूलियट सी, ना वो मेरा रोमियो बना
साथ चले संग हाथ थामे हम
जबसे संगिनी मैं उसकी और वो मेरा साथी बना।

ज़िंदगी के ताने-बाने

रोते को हँसाना, सोते को जगाना
किसी को राह दिखाना, किसी की राह बनाना
ज़िंदगी के तमाम फलाना ठिकाना
कुछ-कुछ आना चाहिए
कुछ-कुछ भूल जाना चाहिए

सब ना सही थोड़ा ही सीख लो
जहाँ तक पैर उतनी चादर खींच लो

बेफिक्र नहीं थोड़े बेसब्र बनो
काम को ख़त्म नहीं पूरा करो

हो थकन कहीं तो रुक जाना चाहिए
ऊब नहीं सफ़र में मज़ा आना चाहिए

ज़िंदगी में कुछ उसूल भी होना चाहिए
तो कभी कुछ बेफिज़ूल भी होना चाहिए

उँगली टेढ़ी करो या बरतन गरम
मतलब सिर्फ घी से होना चाहिए
ये ज़िंदगी के ताने-बाने जैसे भी बुने जाए
बस......मेरी समझ में आना चाहिए।

उम्मीद

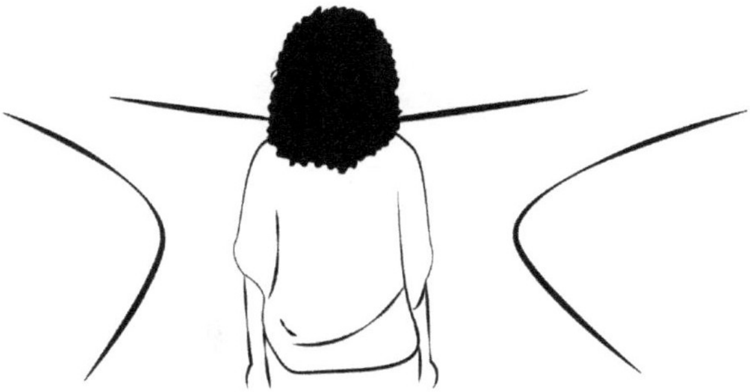

रहब़र मेरे, नज़र-ए-इनायत हो इधर
तेरी राह तकते कब से पलकें बिछाए हैं....

दूर तलक़ तेरे आने की ख़ुशी में
कितने उम्मीदों के चिराग़ जलाए हैं,

बेवजह नहीं, ना ही कोई मुग़ालता पाले है
फ़लक के नहीं, हम तो ज़मीनी तासीर वाले हैं,

सोरख़ ज़िंदगी में आए, अब कुछ मक़सदो की बहार
रख लो पनाहों में अपनी, बन जाओ मेरे चाराग़र,

बेसब्र सी हो रही अब ख़लिश
खुद को खुद ही से
कर दो ना इब्तिदा-ए-बसीरत
बस आज अब ही से।

Sharing Zindagi

दहलीज़ पे रखे जो कदम
जैसे लगा कोई राह खुल गई
समुद्री लहरों से भीगे जो कदम
जैसे लगा कोई उम्मीद जगा गई
चलते-चलते कभी रूके जो कदम
जैसे लगा कोई मंज़िल आ गई

यूंही चलते-चलते इन कदमों से कदम जुड़ते गए
राहों से मंज़िलें, उम्मीदों से हौंसले लिए बढ़ते गए
लोग कहते हैं......कोई आखिर तक साथ नहीं देगा
देखना हो जाएगा दूर, जैसे जिसके काम बनते गए
कोई कहे भी तो क्या, जानकर या अंजाने ही सही
सभी ऐसे ही जीते....ज़िंदगी को अबतक बिताते गए

आखिर इंसान तो अलग ही हैं
तो क्यूं न हो उसकी राहें-मंज़िलें-ख्वाहिशें अलग
जैसे होती हर कदम की कदमताल अलग

यूंही ताल से ताल मिलाती चलती हैं ज़िंदगी
कभी साथ पाती तो कभी साथ निभाती .....
ये मेरी-तुम्हारी-सबकी ......Sharing Zindagi

अश़्क

ग़र कि अपने साथ ग़मों को ले जाते
तो तुमसे दिल्लगी का मज़ा कैसे पाते...
ज़माने को भी हो रहा अब रश्क़ हम ही से
कि कैसे हम तुम्हारे हमसाये से बन जाते

जानकर भी तुम्हारी मग़रूरियत हम कहां मानते हैं
ग़म हल़ाक ना सही हल्का तो कर ही जाते हैं
आख़िर तुम्हारीं ग़हराई से ही तो आते हैं।

अग़र कम होती तुम्हारीं चुभन हमारे आने से...
फिर क्यूं करते हो रुसवा हमें ज़मानें से???

ऐं नादां मेरे दिल....तेरा हमसाया यूंही नहीं बने हम
तू रहें धड़कता अपनी मौज में.............
फ़कत इसलिए खुद को बेनक़ाब करते हैं,
ये तेरे अश़्क अपना वजूद ख़ोके......
तुझे ताउमर हिफाज़त बख़्शते हैं।

संवाद

तुम क्या जानो संघर्ष क्या होता है??
उसकी तो तुम परिभाषा भी नहीं जानते...
जान जाते.....अगर विरासतों में संघर्ष भी पाते।

तुमने कहा—
ये वो डर हैं जो अंधेरे से तुम्हें लगता है
जिसका अंत रोशनी से ही होता है।

मैंनें कहा—
ये वो संकल्प हैं जिसका पूरा होना ही
रोशनी का आगमन होता है।

तुम क्या जानो सफलता का क्या मापदंड होता है??
उसकी तो परिभाषा भी तुम नहीं जानते...
जान जाते....अगर संघर्षों से कुछ सीख पाते।

तुमने कहा—
दौलत-शौहरत-हैसियत और सुखी घरबार

मैंने कहा—
फिर तो तुमसे ये प्रश्न करना ही है बेकार
क्या समझते हो? सफलता कोई डिग्री है?
जिसे तुमने पा लिया हो....
ये तो वो एहसास भर है....
जिसकी कशिश में सुकून भरा पल जिया हो।

तुमने कहा—
लेकिन दुनिया का नज़रिया यही है

मैंने कहा—
फिर किसने कहा ये दुनिया सही है?
सबकी नज़रें बस वहीं हैं
जहां तांक रहीं तुम्हारी नज़रे
बदलोगे अपनी तो दुनियां भी बदलेगी नज़रे।

तुमने कहा—
लोग तुमसे खुश नहीं रहेंगे
तुम्हें कहीं अकेला तो नहीं छोड़ देंगे?

मैंने कहा—
तुम अपने आप से खुश रहोगे,

तो अकेलेपन में भी अकेला नहीं छोड़ेंगे।
उनकी खुशी से अपनी खुशी को मत तोलो
उनकी खुशी तुम्हारीं बेड़ियां हैं,
अपनाओ-निभाओ तुम्हारीं मर्ज़ी
पर दिल को उड़ान देती अपनी ही चिड़िया है।

अर्ज़ी

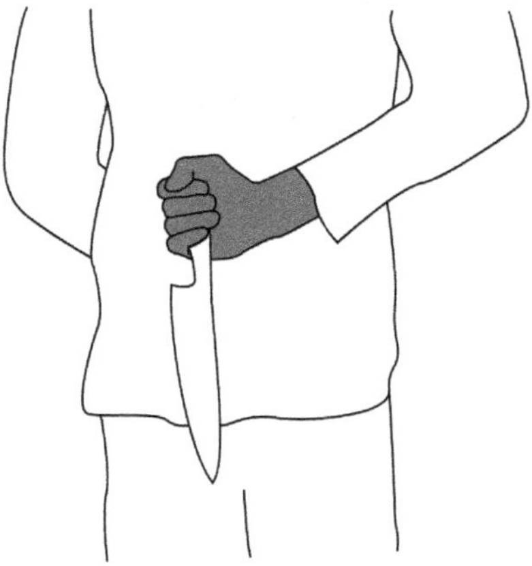

देख ....यहां बेक़दरी का आलम इस क़दर है,
कि तेरे-मेरे-हमारे बीच मचा हुआ ग़दर है।

चुनिंदा ही सही पर हैं कुछ मेरी भी बेख़ौफ़ इनायतें,
शायद ये तेरे बेग़ैरत ज़माने का ही असर है।

ज़र्रा-ज़र्रा हो चला ख़ुद से ही बेनक़ाब अब,
इल्म न था कि इतना भरा हुआ यहां ज़हर है।

तदबीर से या तक़दीर से
या फिर मेरे हाथों की लक़ीर से,
वफ़ादारी का एतबार ही ख़ुद पर क़हर है।

इश्क़-मुश्क... दर्द-दुआ पड़ते हैं अब फैसलों पे भारी,
बेतरतीब उसूलों-मिसालों से भरी हर बसर हैं।

गुमा ही नहीं क्या होगा अंजाम-ए-हक़ीक़त का,
जब ख़ुद-ब-ख़ुद बेजां हो चली ख्वाहिशों कि कसक है।

वक्त-बेवक्त का पैमाना तो यहां हर कोई लिए बैठा हैं,
फिर भी नज़रंदाज हो, फ़िज़ा-ओ-बेअदबी की लहर है।

अब वाक़िफ हो चला
ये जहां तेरी हाफ़िजपरस्ति से,
फिर क्यूं बेख़लिश हो रहा तू
गुमशुदा अपनी ही बस्ती से,
हो रुसवाईयों की वजहों की निशानदेही
फ़क़त इतना ही सवाब मिल जाए इस रहगुज़र में,
कि अश्कों से न हो कीमत-ए-अदायगी
यही ज़माने को तुझसे सौगात-ए-मेहर है।

सोच

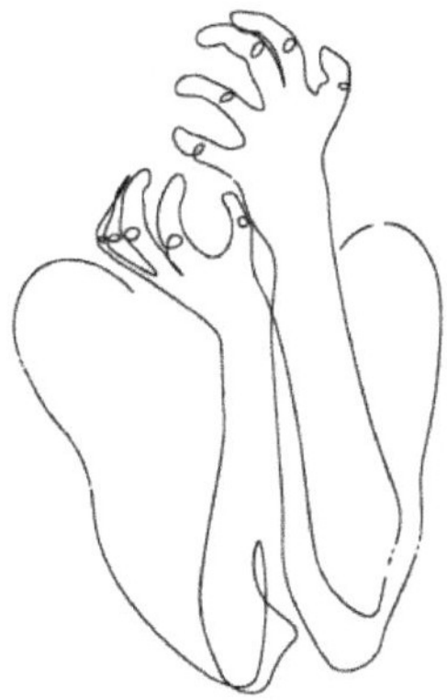

रंगो से रंग या रंगो में रंग
से भला कुछ रंगीन हो सकता है....सोचो...??
सोच मिल जाए जहां तो मामला संगीन हो सकता है।

सोच क्या है? क्या ये किसी काम की होती है??
सुकूं न दे सके तो बस नाम की ही होती है।

आंखों से बसे आंसू ही क्या ...जो बस बह गए,
आंसू तो वो हैं जो हम तुम.........बस पी गए।

खुशी भी क्या कभी जताई जाती है???
ये तो वो चीज़ है जो बस मनाई जाती है।

वो बात ही क्या जो बतानी पड़ जाए...
बात तो खरी वो जो बस सुनाई दे जाए।

वो साथी ही क्या?? जो बस मिल जाता है
साथी तो वो जो कभी तुमसे बिछड़ा ही नहीं,
इतनी भीड़ हमारे आस-पास किस काम की
गर उसमें कोई भी चेहरा मेरा अपना नहीं।
अकेला वो नहीं जो अकेला रह जाता है,
अकेला तो वो जो अकेला रहना चाहता है।
सोचो.........

मैं मामा

भगवान ने कृपा बरसाई है
क्या खुशख़बरी तूने सुनाई है
अब थोड़ा-थोड़ा सब बदलने वाला है
क्यूँकि वो मेहमान जो आने वाला है

तेरी रातों की नींदे उड़ाने वाला है
तुझे दिन रात भुला देने वाला है

तू कभी डरी कभी खुश कभी चिड़चिड़ी होगी
कभी किसी वजह से, तो कभी बेवजह होगी
कभी तू सुपरमॉम वाली फिल में होगी
तो कभी कनफ्यूजन से ओवरलोडेड होगी

तू सोच को मजबूत रखना
और सेहत भी रखना पक्की
खुश रहने की आदत कर ले
बन खुशमिज़ाज मम्मी अच्छी

सब हैं तेरे साथ.... तू अकेली नहीं हैं
उसके और तेरे लिए हम सब यही हैं

थोड़ा वक्त लगेगा पर तू सीख जाएगी
मैं बेस्ट मामा बनूंगा तू बेस्ट मम्मी कहलाएगी

आधुनिका

वो माँ भी क्या सच में माँ कहलाती है???
वो तो बस बच्चों से मम्मी बुलवाती है,

अपने काम का बोझ दुनिया को जतलाती है,
"कितनी पढी़ लिखी मैं "ये कह-कह इठलाती है,

हर वक्त अपना मत सबको बतलाती है,
भावनाएं कहाँ उसमें?? बस दिखावे के आंसू बहाती है,

बस.......यही छवि हर प्रगतिशील महिला की
एक दूसरी महिला दुनिया को दिखलाती है
और एक माँ को ग्लानि के चक्रव्यूह में फंसाती है,

वो एक माँ अपनी हर भूमिका ईमानदारी से निभाती है,
फिर भी इस आधुनिक समाज की ये .....
बस एक आधुनिका ही बन पाती है।

वजूद

ऐ ज़िंदगी.......
तुझे किस नज़र से देखूँ
कि तू मुझे अपनी सी लगेगी
चिलचिलाती धूप में
बरफ़ की ठंडक सी लगेगी

बारिश में मिट्टी की सौंधी महक सी लगेगी
आसमां में उड़ते पंछियों की चहक सी लगेगी

तू उड़ती वक्त के पंख लगाकर
दूर बहुत दूर ....
और मैं खड़ी रहती यहाँ
सही वक्त की आस लगाकर

बेमेल सी, बेमानी कहानी सी तू
रंगीन होकर भी मुझे लगे बेरंगी सी तू
मेरी परछाई भी गुमराह हो जाती है
जब-जब तू पराई सी हो जाती है

थोड़ा ही सही मुझे अपनाकर तो देख
मेरे वजूद को अपना साथी बनाकर तो देख

हाँ.......ज़िंदगी....
मेरे वजूद को अपना साथी बनाकर तो देख...............

ये ज़िंदगी

ये ज़िंदगी पल-पल एक पहेली सी लगती है
कभी उलझी सी तो कभी सुलझी सी लगती है

कभी मेरे काबू में आती तो
कभी मेरे हाथों से फिसलती सी लगती है

कभी रुक जाती बंद घड़ी सी....
तो कभी बुलेट ट्रेन की गति सी लगती है

कभी दो पल के सुकून को तरसती
तो कभी शोर मचाती सी लगती है

कभी अच्छी कभी बुरी सी लगती है
कभी उम्मीदों और मकसदों से भरी
तो कभी बेवजह फ़िज़ूल सी लगती है

कभी पूरी तो कभी अधूरी सी लगती है
ज़िंदगी को ज़िंदगी भर समझने की कोशिश
मुझे ज़िंदगी भर उलझाएगी सी लगती है
क्यूँकि हर पल.... पल-पल ये पहेली सी लगती है।

वक्त

गैरों से जोड़ता भी यही
अपनों से तोड़ता भी यही
नसीबों के खेल खेलता भी यही
जाने कब बदल जाते हैं लोगों के पैंतरे
क्यूँकि हर ज़िंदगी की रफ्तार बदल जाता है यही

ज़िंदगी के कुछ फासले कभी भर ही नहीं पाते
चाहे वो किसी इश्क़ की मुकम्मली का हो
या वो किसी की मेहनत से तरक्की का हो
चाहे वो किसी रिश्ते में ईमानदारी का हो
या फिर किसी दोस्त से वफादारी का हो
ना जाने कब, कितनी चाहतों की खाई बना जाता है
यही

हर ज़िंदगी की बनी-बिगड़ी का ज़िम्मा उठाता है यही
रास्ते और रफ्तार चाहे हो अलग
पर है सबकी आख़िरी मंज़िल एक ही
ये कड़वा सच भी बता जाता है यहीं
हर किसी के इससे मिले-जुले जज़्बात हैं
किसी पर मेहरबान तो किसी से नाराज़ है
क्या कहें यही वक्त है, जो बड़ा दग़ाबाज़ हैं।

नज़ारे

ना रूठने का ना मनाने का
खुद से ही अपना दर्द छुपाने का
बेबसी है या हुनर, नहीं समझ पाते
रौनक बाज़ारों की अब चुभने सी लगी है
रुकना भी चाहो तो भी
अब कही क़दम नहीं टिकते
शायद इसलिए कि
नम़ आँखों से नज़ारे साफ नहीं दिखते।

ये उम़र यूँ ही बीत जाएगी
दिल-ओ-दिमाग का तालमेल बिठाने में
अब तो आदत सी हो गई है
अपना ही दर्द गुनगुनाने में
दूर खामोश उन सितारों कि टिम-टिम
मेरे गिनते ही बुझने सी लगी है
ये सितारों का खेल ही है
जो नसीबों का हिसाब रखते

शायद इसलिए कि
नम आँखों से नज़ारे साफ नहीं दिखते।

ज़िद

हाँ... ये घर ही है मकान नहीं,
एक छत है पर खुला आसमान नहीं,

थम जाती हैं मेरी उडा़न, उसी छत से निकल आने में,
फिर बन जाती हर कोशिश, उसी छत को ऊँचा
करवाने में,

छन-छन के मिलती आजा़दी को भी,
अपनी सहूलियत में ढाल लेती हूँ मैं
जब मौका मिले अपने पंख पसार लेती हूँ मैं,

मैं उनकी ज़रूरत हूँ.....ये वो अच्छे से जानते हैं,
इसलिए दे हर रिश्ते की दुहाई, मुझे बांध जाते हैं,

एक हाँ.... का इंतजार नहीं करता बैचेन अब,
हर ना-नकूर से ज़िंदगी ऊब चुकी है अब.....

मेरी भी अब इक ज़िद हैं..... जो हर वक्त खुद से
कहती हूँ,

मैं क्या हूँ और मैं क्या चाहती हूँ.....होगा मेरे हाथों में,
इसलिए अपनी ख़ुशियों की ज़िम्मेदारी अब मैं खुद
लेती हूँ।

माँ के जज़्बात

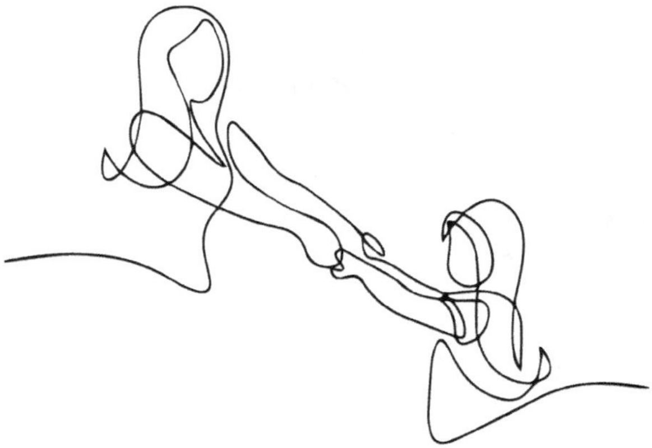

हो आशाओं से भरे हम
हो पग-पग हौंसलों का दम
ना रुके किसी की उड़ान कभी
ना हो मायूसी ना ग़म
यही जज़्बात उस माँ के दिल को संभालते हैं......
जब टुकड़ा उसके जिगर का
चल पड़ता उस डगर पर
जहाँ न वो रुकेगा ना थकेगा
या तो फनां होगा या कर देगा
पर रहेगा उसी वीरता के शिखर पर
और कहेगा.......
ऐ माँ... तू न रख कोई शिक़वा
ये तेरी ही परवरिश का आईना है
पाया फौलाद सा दिल और जिगर तुझसे ही
आऊं अब वतन के काम
तभी इस ज़िंदगी का कोई मायना है।

हो बहारें आज, होंगी बहारें कल भी
महक मासूम गुलों की रहे हमेशा महकती
बेरंग न हो किसी माली का आशियाँ
बनी रहे खूबसूरत ये हसीं वादियां
यही जज़्बात उस माँ के दिल को संभालते हैं......
जब उसकी आंखों का तारा
बयां करता एक खौफ़नाक नजा़रा
है उसका अब करम यही
रखना महफूज़ इसे अब धरम यही
जानता हूँ क्या है गलत और क्या सही
और कहेगा....
ऐ माँ .....
तू न रख कोई शिक़वा
ये तेरी ही परवरिश का आईना है
पाया फौलाद सा दिल और जिगर तुझसे ही
आऊं अब वतन के काम
तभी इस ज़िंदगी का कोई मायना है।

मेरी कलम

लिख देती है अक्सर ये सच ज़िंदगी का
क्यूँकि सच में झूठ की मिलावट इसे आती नहीं है
इसलिए जानती हूँ ......मेरी कलम तुम्हें भाती नहीं है।

हमें खामोश अक्सर हालात कर देते हैं
और सब्र की चादर हम ओढ़ लेते हैं
लेकिन इसे खामोशी ही सुनाई देती है
नहीं रूकती, फिर ये चल पड़ती है
क्यूँकि बेवजह ये शोर मचाती नहीं है
इसलिए जानती हूँ...... मेरी कलम तुम्हें भाती नहीं है।

अंजाने में या जानकर, गलतियां सभी करते हैं
और हम माफ़ी मांगकर सुकून पा लेते हैं
लेकिन हर गलती की कहानी ये जान जाती है
नहीं रूकती, फिर ये चल पड़ती है
क्यूँकि इसे ये माफ़ी बहला पाती नहीं है
इसलिए जानती हूँ...... मेरी कलम तुम्हें भाती नहीं है।

ज़िंदगी के हर दौर सिर्फ अच्छे या बुरे नहीं होते हैं
और कभी कहीं कुछ पल यूँ ही होते से लगते हैं
लेकिन यही पल हम जीते हैं ये बताती है
नहीं रूकती, फिर ये चल पड़ती है
क्यूँकि इसे हर दौर की नुमाइश करनी आती नहीं है
इसलिए जानती हूँ...... मेरी कलम तुम्हें भाती नहीं है।

सलाम

तेरी हर कोशिश को सलाम है.....
चाहे आँसुओं से भीगी हो तेरी चुनर
चाहे हर तरफ मायूसी का अंबार हो
फिर भी.... उम्मीद की एक किरण को तलाशती
तेरी हर कोशिश को सलाम है......

चाहे मान-सम्मान के धागों से हो जूझती
चाहे मर्यादा की मूक मूरत हो बनती
फिर भी...रिश्तों के भँवर में अपने अस्तित्व को
तलाशती
तेरी हर कोशिश को सलाम है.....

चाहे कितनी ही नाज़ुक तुझे कोई कहे
चाहे कितनी भी रूप की हो तू रानी

फिर भी.... फौलाद को हर वक्त अपने सीने में
तलाशती
तेरी हर कोशिश को सलाम है.....

चाहे विधाता की बनाई दुनिया तुझे पत्थर की लक़ीर
लगे
चाहे भाग्य के बने-बिगड़े खेल तुझे अजीब लगे
फिर भी.....उसकी मर्ज़ी में अपनी मर्ज़ी को तलाशती
तेरी हर कोशिश को सलाम है....

कल भी, आज भी... और कल भी...
तू थी, तू है ...और तू रहेगी ....
एक शक्ति.... जिसे तूने हर वक्त साबित किया है
फिर भी...एक झलक अपनी.. अपनों की नज़र में
तलाशती
तेरी हर कोशिश को सलाम है।

ज़िंदा

वाब़स्ता तुझसे मेरी मुहब्बत
मुकम्मली के अफ़साने ढूँढती है
तू मिलता ही जो इस क़दर है
ना तो रश्क़ हैं ना अश्क़ है
ना तो वजह हैं ना वक्त है
ना अदावत हो सके
ना बग़ावत हो सके
ना माफ़ी है तुझे
ना तारीफ़-तौसीफ़ तुझे
है महफ़ूज़ तुझमें इंसान अब तक
ना कोई मजबूरी ना कोई भूल है
ये आईने में अक्स ही है तेरा
तू है अभी भी ज़िंदा
यही तदबीर तेरी..... बाक़ी सब फ़िज़ूल है।

मां की याद

ना रोको बह जाने दो ये आंसू
हैं ये किसी अपने की याद के
शब्दों से हो वंचित मेरे अंतर्नाद के

समय के चक्र से नहीं बंधा ये भाव मेरे मन का
जब करूं महसूस उनसे दूर हो जाने की चुभन का

परिभाषित न हो सके ये कैसी वेदना है.....
क्षणभर में भिगो देती जो मेरे नैना हैं

चाहती हूँ करना मुक्त अपने को दर्द के इस पाश से
जैसे हर मास-महीने उल्काएँ झरती हैं आकाश से.....
जब थे वो साथ हमारे, हमारी दुनिया ही वो थे,
हम हर दुःख से, अजनबी मासूमियत से भरे थे।

ऐसे उन क्षणों को बना मोती के मन के.....
पिरों लूं अपनी सांसो की माला से
और कर लूं मन को शांत-स्थिर....
बचाके इस दर्द की ज्वाला से

उनके प्रेमिल स्मृतियों के दीपक से
अपना अन्तर्मन सदा को प्रज्वलित कर लूंगी,
फिर मुक्त होकर यादों के भँवर से
यूँही कभी-कभी अपने भीतर झाँक लूंगी।

फ़क़ीरा

कितने और इम्तेहान मेरे लिए बनाए हैं खुदा ने,
कि ये ज़िंदगी कम जंग का मैदान ज़्यादा हो गया है।
अब बस हंसने की आदत ही पड़ गई हैं मुझको,
रोने से कौन सा आफतों से छुटकारा हो गया है।
फ़ायदा सभी का जिसमें, फिर मेरा क्यूँ नुक्सान उसमें,
क्यूँ मेरा हिसाब-किताब हर कहीं से उलझा सा हो गया है।
सिक्के का हर पहलू क्यों नहीं देखता कोई,
अपनी ही काबिलियत पे मुझे अब शक सा हो गया है।
इस कदर दौड़ती ज़िंदगी में थकना गुनाह है,
पर क्या करें....अब जब अपना मन ही फ़कीरा हो गया है।

ये सावन

मेघ बहार हरा भरा आंगन
मन बहकाए जो आए सावन
सावन मास कहलाए एक
लाता साथ त्यौहार अनेक
महादेव की हो सब दूर जय जयकार
जब मनाए श्रद्धालु श्रावणी सोमवार
हरियाली के हरे रंग में जब रंगी हर ब्याहता
कर श्रृंगार मना तीज, जोडे सौभाग्य से नाता
नाग देवता भी हमें दर्शन देने आते हैं
नागपंचमी मना पुण्य सबूर हम पाते हैं
दीप जब हमारे कर्मों के पूरक बन जाते
दीप पूजन कर दीप अमावस हम मनाते

आ जाती जब बात देश पर अभिमान की
समर्पित वीरों को करते हम ये दिन
आज़ादी है निशानी उन्हीं के बलिदान की
रक्षा की अनूठी परम्परा हम आज भी निभाते हैं
जब हर घर में रक्षाबंधन का पावन पर्व मनाते हैं
हर धर्म में इस माह की महत्ता का बखान है
नवरोज़ और मोहर्रम भी मनाए
कर्म और आस्था से भी मेरा भारत महान है।

बिखरे पन्ने

रश्क़ हो या अश्क़
रुसवाई हो या तन्हाई

जब इक ज़िंदगी की परछाई बन जाते हैं
मत पूछों हाल-ए-बयाँ उस रूह का
कब रिश्ते उसे किश्तों में बाँट जाते हैं।

कौन कहता है सब्र रखे जो
उसकी खुशी भी उतनी ही बड़ी होती है
कैसी ठोकरें उन नादाँ बेसब्रों से खाते हैं
मत पूछो हाल-ए-बयाँ उस रूह का
सज़ा-ए-चश्म़पोशी सब उसे ही दे जाते हैं।

दर्द का एहसास भी
जब देने लगे सुकूँ उसे

जब दुखती रग पे हाथ रख खुद को ही आज़माते हैं
मत पूछों हाल-ए-बयाँ उस रूह का
कैसे ज़िंदगी के बिखरे पन्ने समेटे जाते हैं।

हसरत

ऐ खुदा तू कब तक रहेगा यूँ खफ़ा,
मैं तो बस यूँ ही तेरा दीदार माँगती हूँ,
गोया कि तू है हरजा़ हाज़िर ये जानती हूँ।
तुझसे ही तो जुड़ी है हर पल बंदगी मेरी,
फिर क्यूँ मायूस करती मुझे हर हरकत तेरी।
हैं इंतज़ार मुझे जफाकशी और वाबस्तगी का तुझसे,
थोड़ी सी मुनाफ़त और रहीमी ही तो चाहती हूँ,
जहाँ इनायत हो बरसती तेरी,
उसी बस्ती में बसना़ चाहती हूँ।
नहीं श़क तेरे इरादों पर मुझे
ज़रा इक तसल्ली की ज़रूरत है,
ना करवा अब और रुसवा मुझे,
बस ......उमर-ए-शाइस्ता की हसरत है।

मंथन

जब बैठती हूँ करने आत्मचिंतन,
कोई भी... कुछ भी नहीं रहता करीब..सिवाय मेरे,
और दूर हो जाते, अचानक निराशाओं के सभी घेरे।
कर मंथन खुद का, मुश्किलों से जैसे बाहर आने लगी हूँ,
जब से ज़िंदगी के हर पहलू के मायने समझने लगी हूँ
कोई भी... कभी न जुडेगा, मुझसे सदा के लिए,
अब पाने लगी हूँ खुद को,
जब से खुद को खुद से जोड़ने लगी हूँ।

अहसास

जुबां के साथ तू
दिल को जोड़ ही ले,
दिल चाहकर भी कुछ न छिपा पाता है,
अक्स तो तुम्हारा,
तुम्हारी आँखों से झलक जाता है।
नहीं कुछ दिल में ख्वाहिशें बड़ी सी
बस रख लेना उन वादों से वफा
सफर ये तुम्हारा ही है
साथ नहीं होंगे हम हर दफ़ा
मसरूफ़ रहना मजबूरी हो सकती हैं तुम्हारी
पर वक्त की गुलामी न सहना
हमारी रूह को महसूस हो सके
वो अहसास सदा बने रहना ....

मेरे बाबा

वक्त का क्या बाबा
वो तो निकल ही रहा है
आपके बिना भी .....
आपका परिवार जी रहा है।
पर क्या करें जब आपकी याद आए,
कैसे भूलें वो दिन जो आपके साथ बिताए।

आप तो थे ही हमेशा से निर्मोही
और जाने से कहीं पहले हमें भूल भी चुके थे,
कैसै संभालते खुद को और आपको भी
न जाने कितने कष्ट आपके लिखे थे।
मेरे लिए तो श्वसुर भी और पिता भी आप,

बेस्ट टी पार्टनर, धन्ना सेठ और टी टी धुनछाप।
मुखिया थे पर बन चुके थे सबसे छोटे,
आहना को भी सिखाने पड़ गए कुछ सबक मोटे।

गुस्सा भी आता था कभी-कभी मुझे
पर उससे फिक्र कहीं ज़्यादा थी,
कुछ हो न जाए आपको मेरी नज़रों के सामने
यही डर-मजबूरी, लगती बड़ी आपदा थी।

आपको खो रहे थे धीरे-धीरे हम
जानते थे आप बहुत जल्दी चले जाओगे,
नहीं चाहती थी मैं कि आप जाओ
पर जानती थी कि आप कभी ठीक नहीं हो पाओगे।
आहना को आबा और मुझे बाबा चाहिए थे
लेकिन आपकी तकलीफ़ बहुत बड़ी थी,
उससे मुक्ति मिलनी भी ज़रूरी थी
शायद यही अब आपके जाने की घड़ी थी।
एक निर्मोही निश्छल आत्मा मिल चुकी परमात्मा में
सदा सुखी रहना जहाँ हो ......
आपकी यादें तो हैं ही साथ हमारे
आशीर्वाद भी दो कि मेरा चाय का कप हमेशा भरा हो।
आपकी—जगदंबा अर्पिता

ज़िंदादिली

ग़मों में किसी के,
तसल्ली की खुराक मिला के तो देखो
खुशियों में कभी किसी के,
ढोल ताशे बजवा के तो देखो......
नसीब हर किसी का अपना ही रहेगा ,
नसीब की नुमाइश से ज़रा ऊपर उठकर के तो देखो...
आज के दिन,
बस एक दिया उम्मीदों का मन में जला के तो देखो...
हर वक्त को अपना बना लोगे
ज़िंदगी को ज़िंदादिली से कभी जी के तो देखो.....

www.ingramcontent.com/pod-product-compliance
Lightning Source LLC
Chambersburg PA
CBHW070649240926
51846CB00003BA/844
* 9 7 8 9 3 6 0 9 4 7 6 1 3 *